AF141785

Mamas Bauch wird Kugelrund

Das Kindersachbuch zum Thema Aufklärung, Sex, Zeugung und Schwangerschaft

Text: Regina Masaracchia & Ute Taschner
Illustrationen: Regina Masaracchia

Bibliografische Information der Deutschen Nationalbibliothek
Die Deutsche Nationalbibliothek verzeichnet diese Publikation in der Deutschen Nationalbibliografie;
detaillierte bibliografische Daten sind im Internet über http://dnb.d-nb.de abrufbar.

Besonderer Hinweis
Das Werk einschließlich aller seiner Teile ist urheberrechtlich geschützt. Jede Verwertung außerhalb
der Bestimmungen des Urheberrechtsgesetzes ist ohne schriftliche Zustimmung des Verlags unzulässig
und strafbar. Dies gilt insbesondere für Vervielfältigungen, Übersetzungen, Mikroverfilmungen und die
Einspeicherung und Verarbeitung in elektronischen Systemen.

Das vorliegende Buch wurde sorgfältig erarbeitet. Dennoch erfolgen alle Angaben ohne Gewähr.
Weder Autorinnen noch Verlag können für eventuelle Nachteile oder Schäden, die aus den im Buch
vorliegenden Informationen resultieren, eine Haftung übernehmen. Befragen Sie im Zweifelsfall bitte
Hebamme, Ärztin/Arzt oder Apotheker/in.

Markenschutz
Dieses Buch enthält eingetragene Warenzeichen, Handelsnamen und Gebrauchsmarken. Wenn diese
nicht als solche gekennzeichnet sein sollten, so gelten trotzdem die entsprechenden Bestimmungen.

Bildnachweis   Auf dem Ultraschallbild (Seite 27) ist Regina Masaracchias zweiter Sohn Samuel zu
                  sehen (17. Schwangerschaftswoche).

2. Auflage   November 2012
© 2008–2012   edition riedenburg
Verlagsanschrift Anton-Hochmuth-Straße 8, 5020 Salzburg, Österreich
Internet   www.editionriedenburg.at
E-Mail   verlag@editionriedenburg.at

Lektorat   Dr. phil. Heike Wolter
Satz und Layout   edition riedenburg
Herstellung   Books on Demand GmbH, Norderstedt

ISBN 978-3-9502357-5-3

Inhalt

Die Entwicklung eines Babys!

Die Mutter von Paul und Sophie ist schwanger und erwartet ein Baby. Am Anfang ist alles wie immer, doch schon bald lässt sich der wachsende Bauch nicht mehr übersehen.

Mit Staunen verfolgen die Geschwister, wie sich das Baby im Bauch zu bewegen beginnt. Bald merken sie, dass auch das Baby seine Umwelt wahrnehmen kann. Sie lernen dabei ganz selbstverständlich, wie neues Leben entsteht und sich entwickelt.

Unser Sachbuch „Mamas Bauch wird kugelrund" ist sowohl für kleine Kinder geeignet, die sich die Bilder anschauen möchten, als auch für größere, wie Paul, die den Text schon verstehen und alles ganz genau wissen wollen.

Aber auch die Erwachsenen kommen nicht zu kurz, denn es gibt ein ausführliches Glossar und einen Anhang mit Kontaktadressen.

Viel Spaß beim Anschauen und Lesen
wünschen die Autorinnen

Regina Masaracchia & Ute Taschner

Hallo!

Ich heiße Paul, bin sechs Jahre alt und komme bald in die erste Klasse. Am liebsten spiele ich Fußball und ab und zu auch mit meiner kleinen Schwester Sophie. Sophie ist eineinhalb Jahre alt und hängt immer an Mamas Rockzipfel. Das darf sie aber, denn schließlich ist sie ja noch klein.

Meine Eltern heißen Ellen und Robert. Oma Hilde ist Papas Mutter. Sie ist schon ganz schön alt, aber dafür umso lustiger. Ich mag es, wenn sie mit uns spielt und uns Geschichten erzählt. Das ist supertoll!

Seit zwei Wochen fühlt sich Mama morgens nicht so gut. Als am Abend Oma zu Besuch kommt, sagt Mama, dass sie eine Überraschung für uns hat: „Wir werden bald ein Baby bekommen!"

Ich schaue Mama mit großen Augen an. Papa freut sich und nimmt Mama fest in den Arm. Ich muss erst einmal überlegen, ob ich das wirklich so toll finde, denn das heißt für Sophie und mich: Wir bekommen ein neues Geschwisterchen!

Das sind wir

Mama
Ellen

Papa
Robert

Oma
Hilde

Sophie

Paul

Dann sind wir ja fünf in der Familie und ich muss meine Spielsachen bestimmt nicht nur mit Sophie teilen, sondern auch noch mit einem kleinen Bruder oder einer kleinen Schwester. Andererseits ist es vielleicht auch schön, bald ein Baby bei uns zu haben!

Oma ist überglücklich und umarmt Mama und Papa. Doch ich möchte erst einmal ein paar Dinge genauer wissen, bevor ich mit dem Baby einverstanden bin.

„Mama, wie kommt das Baby eigentlich in Deinen Bauch und wie wächst es und – darf ich den Namen aussuchen?", frage ich aufgeregt.

Mama und Papa lachen. „Das mit dem Namen entscheiden wir später, und wie das Baby in den Bauch gekommen ist, naja ..."

„Also Paul, Du bist noch viel zu klein, um das richtig zu verstehen. Weißt Du, das ist wie bei den Bienchen und Blümchen", unterbricht Oma meine Mama.

„Hä?", frage ich und schaue Mama und Papa an, die sich angrinsen.

„Aber Mutter, so beantwortet man doch heute einem Kind, das schon fast in die Schule geht, nicht die Frage, woher die Babys kommen", sagt Papa lachend zu Oma.

„Na, zu meiner Zeit wurde Kindern gesagt, dass der Klapperstorch die Babys bringt", antwortet Oma.

a) Welche Überraschung hat die Mama von Paul und Sophie?

_____

b) Wer brachte früher angeblich die Babys?

_____

„Komm Paul, wir setzen uns ins Wohnzimmer. Papa und ich werden Dir das genau erklären", sagt Mama.

Papa nimmt Sophie auf den Arm und wir gehen ins Wohnzimmer. Auch Oma kommt mit.

Vielleicht will sie es ja auch wissen?

„Schau mal, Paul. Eigentlich wollten wir Dir dieses Buch erst zu Deinem Geburtstag schenken, aber weil Du danach gefragt hast, bekommst Du es jetzt. Wir können es uns ja zusammen anschauen. Es heißt ‚Mamas Bauch wird kugelrund' und es erklärt alles ganz genau, damit Kinder in Deinem Alter Antworten auf ihre Fragen bekommen."

Mama hält ein hübsches Buch in der Hand und ich schlage eine Seite auf.

„Lass uns ganz von vorne beginnen: Zur Entstehung eines Babys gehören immer zwei, nämlich eine Frau und ein Mann", sagt Mama.

a) Was schauen sich Paul, Mama und Papa gemeinsam mit Oma an?

_____

b) Wer kann ein Baby machen?

_____

Im Buch sind eine nackte Frau und ein nackter Mann abgebildet. Sie sehen aus wie Mama und Papa, wenn sie unter der Dusche stehen. „Kannst Du mir das bitte vorlesen?", frage ich Oma.

Sie lächelt, nimmt das Buch und liest. „Die Körper von Frau und Mann sehen verschieden aus. Die Frau hat schmale Schultern und eine breite Hüfte und der Mann hat breite Schultern und eine schmale Hüfte. Die Frau hat Brüste und eine **Scheide**, der Mann hat einen **Penis** und **Hoden**."

Ja, das stimmt alles, denn wenn ich manchmal mit Papa oder Mama dusche, habe ich diesen Unterschied auch schon gesehen.

„Im Bauch der Frau liegt die **Gebärmutter**, darin wachsen die Babys und das hier oben an der Seite sind die **Eierstöcke**. Alle vier Wochen wächst ein winziges **Ei** im Eierstock und wandert dann durch diesen länglichen Teil, den **Eileiter**, in die Gebärmutter. Das nennt man **Eisprung**.", erklärt Mama.

„Was haben denn Eier mit einem Baby zu tun, oder ist das etwa so wie bei den Hühnern?", frage ich verwirrt. „Wart's ab, Paul, gleich verstehst Du es besser!", sagt Papa. „In seinen Hoden hat der Mann nämlich **Samen**." „So wie Blumensamen?", frage ich.

„So ähnlich, nur viel, viel kleiner!", antwortet Mama. „Wenn ein Mann und eine Frau sich lieben", fährt Mama fort, „wollen sie sich ganz nahe sein. Sie schmusen miteinander und küssen sich."

a) Wie unterscheiden sich Mama und Papa, wenn sie nackt sind?

_____

b) Wo wachsen im Bauch der Mutter die Babys heran?

_____

„Dabei wird der Penis des Mannes steif und die Scheide der Frau feucht", erklärt Papa weiter. „Wenn dann die Frau den Penis des Mannes in ihre Scheide aufnimmt, ist das für beide ein sehr schönes Gefühl. Man nennt das **Geschlechtsverkehr** oder auch, dass Mann und Frau ‚miteinander schlafen' oder **‚Sex** haben'. Die meisten Menschen tun das sehr gern und es ist ganz normal. Dabei kann auch ein Kind entstehen."

„So, so!", sage ich und schaue Mama und Papa neugierig an.

„Beim Geschlechtsverkehr gelangen die Samen des Mannes in die Scheide der Frau und wandern durch die Gebärmutter in den Eileiter. Im Eileiter treffen die Samen von Papa und das Ei von Mama schließlich aufeinander und vereinigen sich. Das ist der Beginn eines neuen Lebens.", erklärt Mama.

„Und daraus wächst dann ein Baby?", frage ich ungläubig.

„Ja, genau, Paul. Die befruchtete Eizelle wandert dann zur Gebärmutter und beginnt dort zu wachsen.", sagt Mama und zeigt auf das Bild im Buch.

„Kurze Zeit später nistet sich die befruchtete Eizelle in der weichen Schleimhaut der Gebärmutter ein. Nach einigen Wochen merken die meisten Frauen, dass sie ein Kind bekommen und machen dann vielleicht einen Schwangerschaftstest. Nach zwei Monaten sind die wichtigsten Körperteile da und das Herz schlägt schon.", erklärt Papa.

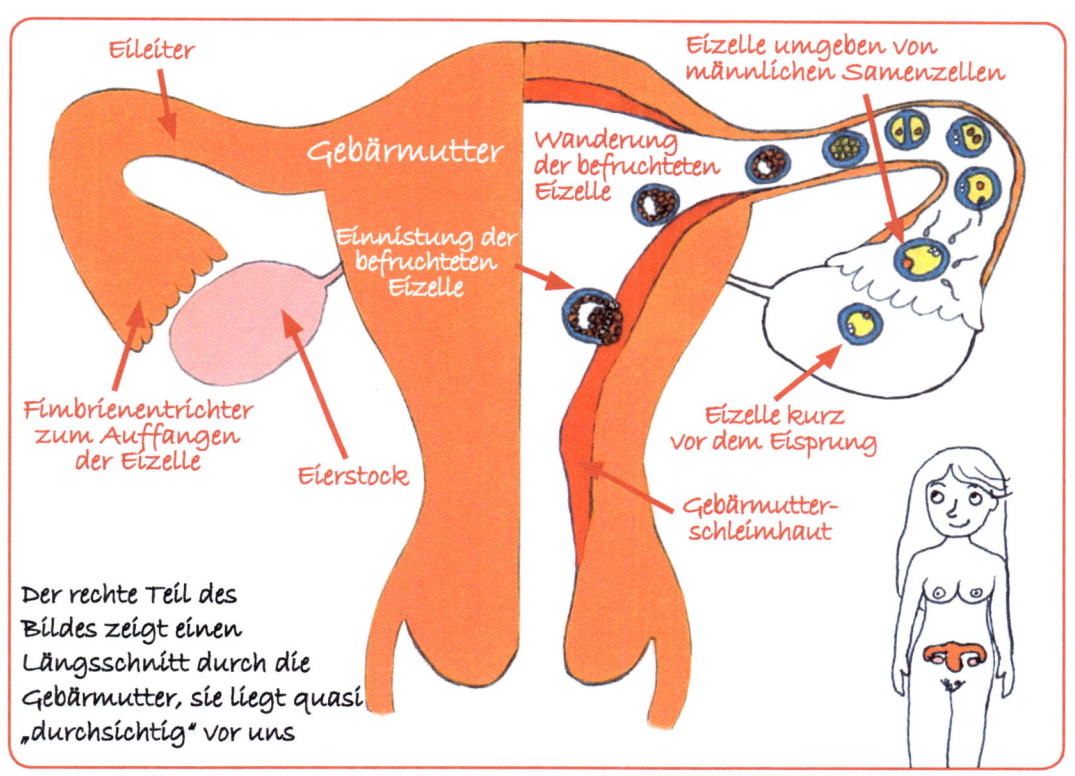

Eileiter

Gebärmutter

Eizelle umgeben von männlichen Samenzellen

Wanderung der befruchteten Eizelle

Einnistung der befruchteten Eizelle

Fimbrienentrichter zum Auffangen der Eizelle

Eierstock

Eizelle kurz vor dem Eisprung

Gebärmutter-schleimhaut

Der rechte Teil des Bildes zeigt einen Längsschnitt durch die Gebärmutter, sie liegt quasi „durchsichtig" vor uns

a) Was machen Mama und Papa, wenn sie ein Baby möchten?

_____

b) Woraus wächst ein Baby?

_____

„Das ist ja wirklich toll!", sage ich und schaue mir die Bilder im Buch genau an. „Nach vier Monaten ist das Baby so lang und so schwer wie eine Tafel Schokolade. Die Augen hat es noch geschlossen und weil es noch so klein ist, hat es im Bauch von Mama noch ziemlich viel Platz.", sagt Papa. „Und was isst und trinkt das Baby?", frage ich.

„Es wird durch den Mutterkuchen, den man **Plazenta** nennt, ernährt. Von allem, was die Mutter isst, trinkt und einatmet, gelangt ein Teil über ihr Blut zur Plazenta. Dort fließen das Blut der Mutter und das des Babys ganz dicht aneinander vorbei. So dicht, dass das Blut des Babys die Nahrung und den Sauerstoff aus dem Blut der Mutter aufnimmt. Von der Plazenta aus gelangt das Blut über die **Nabelschnur** zum Baby und so wird es ernährt."

Mama sagt: „Es ist deshalb besonders wichtig, dass eine Frau in der Schwangerschaft auf sich Acht gibt. Bevor sie Medikamente einnimmt, sollte sie den Arzt oder die Hebamme fragen. Wenn die Mutter in der Schwangerschaft raucht, erreichen die schädlichen Stoffe aus der Zigarette das Baby. Du könntest einfach das Fenster öffnen und lüften, das Baby kann das nicht. Babys von Müttern, die rauchen, bekommen nicht genug Sauerstoff und können dadurch nicht gut wachsen. Manche kommen daher viel zu früh auf die Welt. Und wenn eine Mutter während der Schwangerschaft Alkohol trinkt, gelangt der Alkohol direkt über das Blut der Mutter zum Baby. Das Baby wird betrunken."

Ich muss kichern.

„Du lachst?", fragt Papa. „Leider werden Babys im Bauch der Mutter davon gar nicht lustig. Nein, in ihrem Gehirn sterben Zellen ab und das Kind kann später, wenn es groß ist, in der Schule nicht gut lernen", erklärt Papa.

„Ungefähr im fünften Monat", sagt Mama, „merkt die Frau, wie sich das Baby im Bauch bewegt. Manchmal lutscht es sogar am Daumen oder es trinkt vom Fruchtwasser, in dem es schwimmt. So übt es das Trinken an Mamas Brust." „Und es merkt, wie sich seine Mutter fühlt, ob sie fröhlich oder traurig ist.", ergänzt Papa.

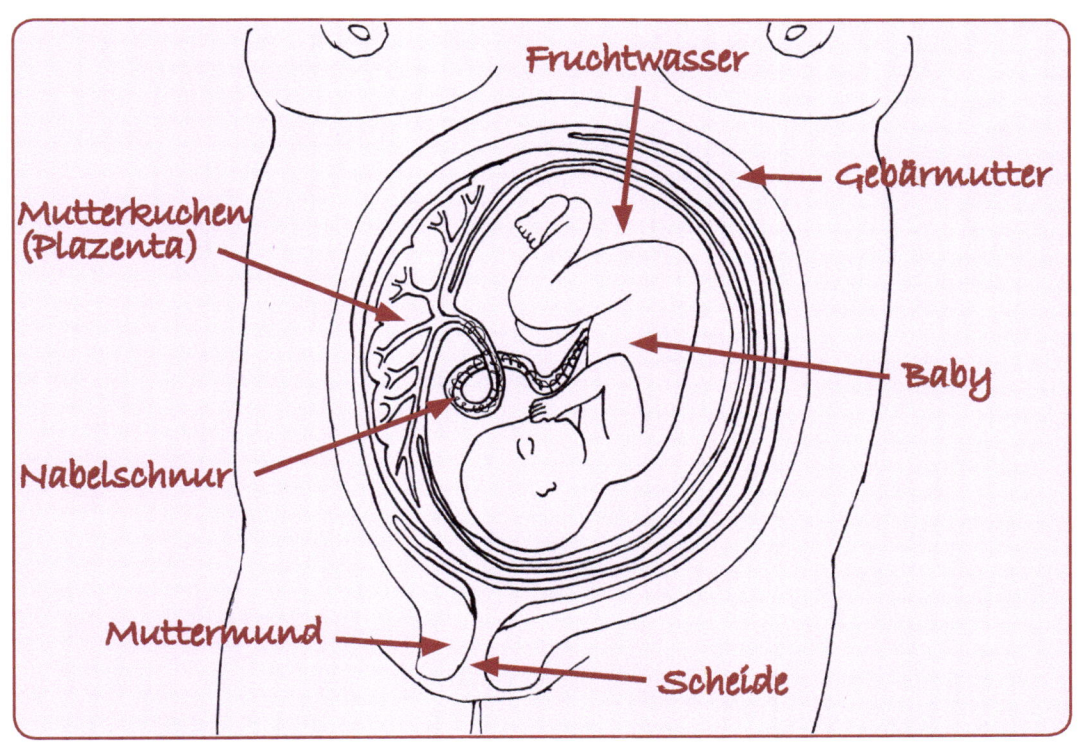

„Kann das Baby auch schon riechen?", möchte ich wissen.

„Riechen kann es nicht wie wir, denn es schwimmt ja im Fruchtwasser, aber das nimmt es durch seine Nasenschleimhaut ganz genau wahr. Fruchtwasser hat einen ganz besonders ‚weichen' Geruch. Dieser Duft haftet an jedem Neugeborenen und lässt die Eltern immer wieder entzückt an ihrem Baby schnüffeln. Vielleicht erinnert sie der Geruch an die Zeit, als sie selbst im Bauch ihrer Mutter waren!"

„Darf ich dann auch mal am Baby riechen?", frage ich neugierig. „Aber natürlich!", sagt Mama.

„Was kann denn das Baby noch?", möchte ich wissen.

„Das Baby kann hell und dunkel unterscheiden und auch hören", sagt Papa. „Es hört mein Blut rauschen, mein Herz schlagen und auch meine Stimme und bald hört es auch Geräusche von außen, also zum Beispiel auch Papas, Omas, Sophies und Deine Stimme", erklärt Mama.

Das finde ich toll, denn so kann ich auch mit dem Baby sprechen, vielleicht über Fußball, oder ich singe ihm ein Gute-Nacht-Lied!

Ich schaue Oma an: „Was sagst Du dazu, Oma?"

Oma schmunzelt. „Ja, das ist toll! Ich lese mal weiter.", sagt sie. „Auch die Brust der Mutter bereitet sich auf die Geburt vor, damit das Baby Muttermilch trinken kann, die sehr gesund ist. Das Baby wächst jeden Monat etwas mehr, und bald rückt der Tag der Geburt heran.

a) Was macht ein Baby den ganzen Tag im Bauch der Mutter?

_____

b) Kann das Baby im Bauch der Mutter schon etwas hören?

_____

Nach ungefähr 40 Wochen, das sind etwa 9 Monate, ist es dem Baby zu eng im Bauch der Mutter. Die meisten Babys liegen mit dem Kopf nach unten, also zum ‚Ausgang' gedreht. Der Ausgang ist die Scheide. Wenn das Baby aus dem Bauch kommen will, merkt die Frau, dass der Bauch hart wird und sich die Gebärmutter zusammenzieht. Das nennt man **Wehen**, die auch wirklich richtig weh tun, aber wichtig sind, weil das Kind mit jeder Wehe weitergeschoben wird."

„Sind die Schmerzen sehr schlimm?", möchte ich von Mama wissen. „Die Geburt ist etwas ganz normales und man kann sich darauf vorbereiten.", sagt Mama. „Es gibt unglaublich viele Möglichkeiten den Schmerz zu lindern, zum Beispiel durch ein warmes Bad oder Rückenmassagen. Wenn eine Frau sich während der Wehen frei bewegen kann, hat sie automatisch weniger Schmerzen und die Geburt wird erleichtert. Außerdem habe ich ja meine Hebamme, die mich von Anfang an begleitet hat, die mir hilft und der ich vertraue. Und Papa, Isa und Oma sind ja auch noch da."

„Hm", sage ich und schaue auf Mamas Bauch. „Wann wirst Du denn kugelrund, Mama?" „Jede Woche ein bisschen mehr!", lacht Mama.

„Möchtest Du noch etwas wissen, mein großer Paul?", fragt sie. „Und was ist nun mit dem Namen?", frage ich. „Damit haben wir noch ein bisschen Zeit. Wir werden uns alle einen Lieblingsnamen überlegen und dann suchen wir uns einen davon aus, okay?", antwortet Papa. Ich nicke.

a) Wann wird ein Baby geboren?

_____

b) Was sind Wehen und tun sie weh?

_____

„Und warum geht es dir frühmorgens immer so schlecht?", will ich von Mama wissen. „Das ist am Anfang der Schwangerschaft oft so. Die **Übelkeit** ist eine Reaktion des Körpers, der sich nun auf das Baby vorbereitet. Es wird mir bald wieder besser gehen.", erklärt Mama. Ich nicke beruhigt und gehe mit Oma ins Kinderzimmer, wo wir erstmal eine Runde Fußball spielen.

Inzwischen ist schon eine ganze Zeit vergangen. Mama ist nun im sechsten Monat schwanger. Sie ist oft müde und legt sich hin. Hebamme Andrea ist mal wieder bei uns und hat sich mit Mama auf unser Sofa gesetzt, sie untersucht und lange mit ihr geredet.

„Nun wird Dein Bauch langsam größer, Ellen!", sagt Andrea, die Mamas Bauch abtastet. Und tatsächlich, Mamas Bauch hat eine Beule.

„Komm, setz dich zu uns, Paul!", fordert mich Mama auf. „Darf ich mal anfassen?", frage ich. „Ja!", sagt Mama. „Fühle mal, das Baby bewegt sich schon!" Und tatsächlich, unter meiner Hand schlägt jemand Purzelbäume.

Sophie kommt und will auch den Bauch anfassen. Als ich meine Hand nicht wegnehme, fängt sie an zu weinen, denn sie möchte Mamas Bauch allein streicheln. Zum Trost darf sie dann bei Mama ein bisschen Milch trinken, denn sie wird ja noch gestillt.

„Was macht denn das Baby nach der Geburt?", frage ich Andrea.

a) Warum ist Mama morgens übel?

_____

b) Was fühlt Paul, als er seine Hand auf Mamas Bauch legt?

_____

„Nun, wenn das Baby auf der Welt ist, kann es sofort selbst atmen.", sagt Andrea. „Die Mutter kann es streicheln und auf ihren nackten Bauch legen. Dann können sich beide von der anstrengenden Geburt ausruhen."

Andrea ist nun fertig mit ihrer Untersuchung und deckt Mamas Bauch wieder zu. „Wenn das Baby dicht bei der Mama liegt, ist es zufrieden, denn es spürt, dass es nun nicht mehr in der Mutter, aber immer noch ganz nah bei ihr ist.", erklärt uns Andrea. „Das Baby kann jetzt riechen, hören, fühlen und sehen und man kann es herzlich willkommen heißen! Es ist jedes Mal ein großes Wunder, wenn ein neuer Mensch auf die Welt kommt."

Andrea zieht eine Schere, ein Maßband und eine Federwaage aus ihrer Untersuchungstasche und sagt: „Kurze Zeit nach der Geburt wird die Nabelschnur, mit der das Baby mit der Mutter verbunden ist, durchgeschnitten. Bald darauf beginnt das Neugeborene die Brust der Mutter zu suchen, um daran zu trinken. So wird es wieder eins mit der Mama. Haben Eltern und Baby sich so richtig lange kennengelernt, wird das Neugeborene von mir vorsichtig abgetrocknet, gemessen und gewogen."

Ich nicke, lege mich zu Mama und Sophie und sage: „Mama, ich glaube, ich freue mich schon sehr auf das Baby!"

„Das ist schön!", sagt Mama und gibt mir einen Kuss.

a) Was passiert mit dem Baby nach der Geburt?

_____

b) Auf dem Bild oben siehst Du Paul als Baby. Was macht er?

_____

Mama hat inzwischen einen gaaanz dicken Bauch. Sie hat oft Rückenschmerzen und kann Sophie nicht mehr herumtragen, die das natürlich gar nicht schön findet. Aber zum Glück ist ja Papa da. Wenn ich mir Mamas Bauch und Sophie im Tragetuch bei Papa so anschaue, dann sieht es so aus, als wäre sie in Papas Bauch, so wie das Baby in Mamas Bauch ist. Bestimmt ist Sophie deshalb im Tuch immer so glücklich und zufrieden.

„Mama, eigentlich hast Du ja die ganze Arbeit mit dem Kinderkriegen!", bemerke ich. Mama und Papa lachen. „Ja, da hast Du recht, aber auch die Väter sind wichtig, denn wenn sie die Frauen unterstützen, dann ist alles nur noch halb so anstrengend", sagt Mama.

Heute muss Mama zur Ärztin, die eine Untersuchung machen wird, bei der man das Baby wie auf einem Foto sehen kann. Das nennt sich **Ultraschall** und tut weder Mama noch dem Baby weh. Wir gehen alle mit. Ich bin schon sehr gespannt, endlich mein neues Geschwisterchen zu sehen!

Die Ärztin sagt, dass wir jetzt ins Untersuchungszimmer dürfen. Sophie hat ein bisschen Angst, denn wir gehen nun in einen dunklen Raum. Bevor die Ärztin Mama untersucht, möchte sie erst einmal wissen, wie wir heißen. Ich antworte für uns beide, während sich Mama auf die Liege legt. Dann kommt so eine komische, durchsichtige Creme auf Mamas Bauch. Nun hat die Ärztin etwas in der Hand, mit dem sie über den Bauch fährt. Mit der anderen Hand zeigt sie auf einen Fernseher. Und plötzlich rufe ich: „Da, ich glaube, da ist das Gesicht vom Baby."

„Ja, Paul, gut gesehen! Hier sind die Augen und das hier, das ist die Nase. Wollt ihr denn auch wissen, ob es ein Junge oder ein Mädchen wird?", fragt die Ärztin Mama.

„Ja, bitte, Mama!", rufe ich und Mama nickt lächelnd.

Die Ärztin sagt: „Ich glaube, dass es ein Mädchen wird, aber ganz sicher kann man sich nie sein."

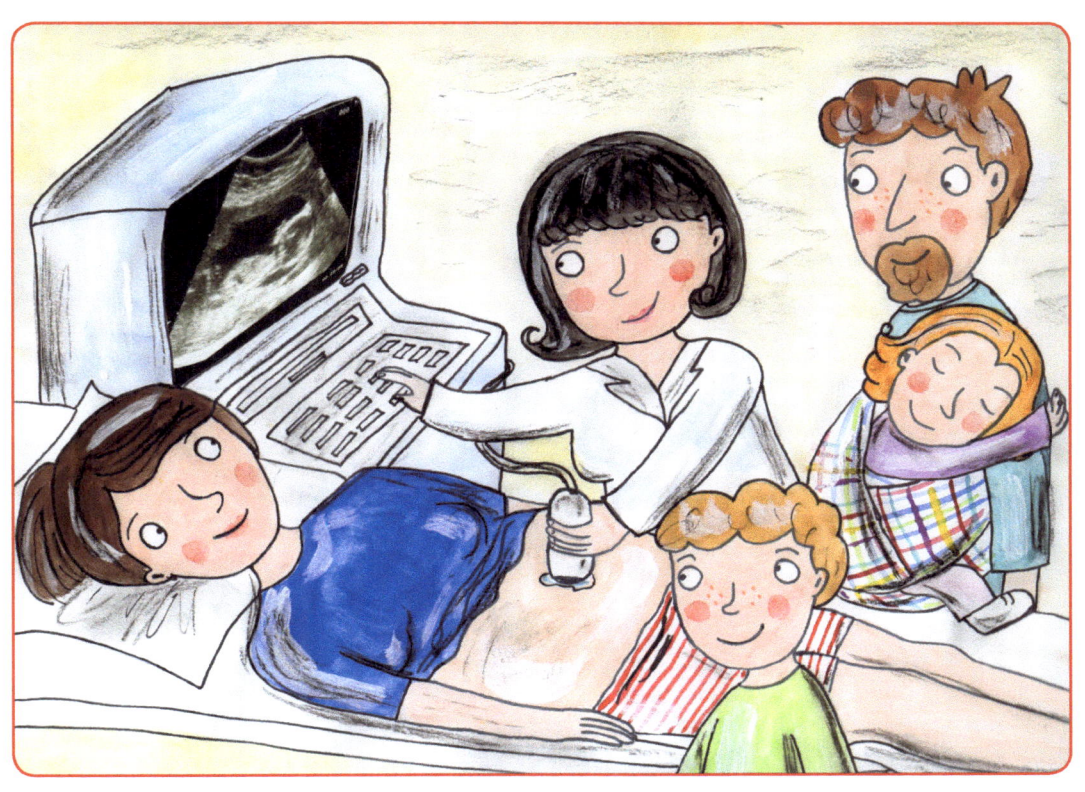

Nun ist es bald so weit! Wir bereiten uns alle auf die Geburt vor und haben auch schon einen Namen für das Baby. Unsere kleine Schwester soll Nina heißen. Gestern haben Mama und Papa Sophies Babysachen vom Dachboden geholt. Mama hat sie in die Waschmaschine gesteckt und Papa hat sie aufgehängt. Als die kleinen Minihosen, Minijacken, Minipullover und Ministrümpfe trocken waren, hat Oma sie gebügelt und in den Schrank gelegt.

Mama geht nun auch jede Woche zur Schwangerschaftsgymnastik und zum Schwangerenschwimmen. Manchmal gehe ich mit. Sport ist ja schließlich gesund!

Heute waren wir mit Sophie in der **Stillgruppe**. Es gab da noch zwei andere Frauen, die bald ein Baby bekommen und sich mit den Stillmüttern unterhalten haben. Sie stellten viele Fragen, damit sie wissen, wie das Stillen geht. Die Kinder spielten zusammen und manche wurden zwischendurch gestillt.

Ich freue mich schon riesig auf die Geburt meiner kleinen Schwester und kann es kaum noch erwarten, bis unsere kleine Nina endlich in unserer Mitte ist!

a) Wie bereitet sich die Familie auf die Ankunft des Babys vor?

_____

b) Warum gehen Paul und Sophie gerne mit Mama zur Stillgruppe?

_____

Auflösung der Fragen

9a) Sie ist schwanger. Das heißt, sie erwartet ein Baby.

9b) Der Klapperstorch.

11a) Ein Buch, in dem genau erklärt wird, wie die Babys entstehen.

11b) Zur Entstehung neuen menschlichen Lebens gehören immer zwei, eine Frau und ein Mann.

13a) Das kann man sich sehr schön auf dem Bild von Seite 13 ansehen.

13b) In der Gebärmutter.

15a) Sie „schlafen miteinander" oder „haben Sex".

15b) Aus miteinander verschmolzenem Ei und Samen.

19a) Es bewegt sich, strampelt mit seinen Füßen und macht manchmal richtige Purzelbäume. Das Baby schläft viel und manchmal nuckelt es an seinem Daumen. Es trinkt auch vom Fruchtwasser.

19b) Ja, es hört den Herzschlag der Mutter und auch Geräusche von außen, wie zum Beispiel Musik oder Deine Stimme.

21a) Nach ungefähr neun Monaten macht es sich auf den Weg. Aber jedes Baby ist anders, und so kann man keinen ganz genauen Zeitpunkt angeben.

21b) Wenn das Baby auf die Welt kommen möchte, zieht sich die Gebärmutter zusammen und der Bauch der Mutter wird ganz hart. Dadurch wird das Baby in Richtung der Scheide gedrückt. Das nennt man Wehen. Die Wehen können sehr schmerzhaft sein, aber in den Pausen dazwischen kann sich die Frau ausruhen und neue Kraft schöpfen. Die Frau kann sich während der Wehen bewegen und dadurch eine Haltung finden, in der sie die Schmerzen am besten aushalten kann. Auch der Körper hilft mit, die Wehen für die Frau erträglich zu machen, indem er in den Wehenpausen Stoffe ausschüttet, welche die Schmerzen vermindern und auch ein bisschen vergessen lassen.

23a) Die Übelkeit ist eine Reaktion des Körpers auf die Schwangerschaft und geht zumeist nach ungefähr drei Monaten wieder vorüber.

23b) Die Bewegungen des Babys.

25a) Jede Mutter lernt ihr Baby so kennen, wie sie das möchte. Nach der Geburt schauen viele Mütter das neugeborene Baby erst einmal an, berühren es ganz sanft mit den Fingerspitzen oder riechen an ihm. Wenn die Mutter mag, nimmt sie das Kind dann zu sich, streichelt es, wärmt es und stillt es. So können sich Mutter und Kind ganz langsam aneinander gewöhnen und kennen lernen. Wichtig ist, dass die Familie dabei ganz ungestört ist.

25b) Er wird von seiner Mama gestillt.

29a) Die alten Babysachen von Paul und Sophie werden vom Dachboden geholt, gewaschen und gebügelt. Ein Bett braucht das Baby nicht, denn es schläft bei Mama und Papa.

29b) Weil man da so schön mit anderen Kindern spielen kann und Mama dort so viel mit den anderen Müttern zusammen lacht. Außerdem kann sich Mama mit den anderen Frauen beraten, falls sie mal eine schwierige Frage hat.

Die Wahl des Geburtsortes

Hausgeburt

Die Geburt ist ein ganz natürlicher Vorgang. Sind Mutter und Kind gesund, die Lage des Kindes regelrecht und die Schwangerschaft ausgetragen, ist eine Frau dazu in der Lage, selbstständig zu gebären. Der Beistand einer vertrauten Person, idealerweise einer Hebamme, kann die Geburt erleichtern und in Notsituationen sehr hilfreich, wenn nicht sogar lebensrettend sein. Dazu bedarf es nicht zwingend der Ausstattung eines Krankenhauses. So kommt zum Beispiel in den Niederlanden die Hälfte aller Kinder zu Hause auf die Welt. Hausgeburtshebammen begleiten den natürlichen Geburtsprozess, besitzen ein fundiertes Wissen über zurückhaltendes Arbeiten und das Vorgehen bei Notfallsituationen. Sie sind dabei auf ihre gute Beobachtung und auf die Beziehung zur Frau angewiesen. Ein Vorteil bei Hausgeburten ist, dass die Frau keine Medikamente erhält, so dass auch das Kind nicht beeinträchtigt wird.

Geburtshaus

Im Geburtshaus, das von Hebammen geleitet wird, können sich Frauen schon während der Schwangerschaft medizinisch kompetent und einfühlsam betreuen und begleiten lassen. Viele Geburtshäuser bieten zudem Geburtsvorbereitungskurse, Schwangerschaftsgymnastik und Rückbildungsgymnastik an. Frauen können, wenn die Schwangerschaft bisher komplikationslos verlief und die Lage des Kindes regelrecht ist, auch im Geburtshaus entbinden. Einige Geburtshäuser arbeiten auch mit Ärzten zusammen.

„Babyfreundliches Krankenhaus"

Geburtskliniken, die in der Betreuung von Mutter und Neugeborenem hohe internationale Qualitätsstandards erfüllen, werden mit der Plakette ,Babyfreundliches Krankenhaus' ausgezeichnet. In solch einer Klinik werden die Belange von Mutter und Neugeborenem besonders respektiert. So wird zum Beispiel jede Trennung von Mutter und Kind nach Möglichkeit vermieden. Dadurch lernen die frisch gebackenen Mütter ihr Neugeborenes schon während des Krankenhausaufenthaltes genau kennen und seine Sprache verstehen. Darüber hinaus erfahren stillende Mütter hier eine kompetente Begleitung.

Warum Stillen?

• **Weil Stillen babyfreundlich ist!** Babys genießen beim Stillen vor allem die Wärme und den engen Körperkontakt mit der Mutter. Darüber hinaus enthält die Milch lebende Immunzellen und bietet so einen maßgeschneiderten Schutz gegen sämtliche Krankheitserreger, mit denen Mutter und Kind in Kontakt kommen. Während des Stillens wird beim Säugling das Hormon Oxytocin ausgeschüttet. Dies stärkt nicht nur die Bindung an die Mutter, sondern wirkt sich auch positiv auf die Entwicklung der Darmschleimhaut und damit auf die Aufnahme der Nährstoffe aus. Häufiges Stillen von Anfang an sorgt außerdem für eine zügige Gewichtszunahme während der ersten Lebenstage.

• **Weil Stillen auch mütterfreundlich ist!** Stillen ist nicht nur kostengünstig, sondern spart im Vergleich zur Zubereitung von künstlicher Säuglingsnahrung auf die Dauer eine Menge Zeit. Auch der mütterliche Schlaf wird durch das Stillen, das liegend und im Halbschlaf geschehen kann, weniger gestört. Außerdem können stillende Mütter ihr Baby ohne großen Aufwand fast überall hin mitnehmen, denn Muttermilch ist immer hygienisch einwandfrei und in der richtigen Temperatur vorhanden. Darüber hinaus erreichen stillende Mütter rascher wieder ihr früheres Gewicht. Berufstätige stillende Mütter fallen seltener durch Erkrankungen des Babys aus. Wissenschaftliche Studien haben zudem übereinstimmend gezeigt, dass das Stillen das Risiko einer Frau senkt, an Brustkrebs zu erkranken.

Praktische Stilltipps

• **Stillen nach Bedarf:** Stillen nach Bedarf bedeutet, einen Säugling dann zu stillen, wenn er zeigt, dass er dazu bereit ist (siehe *Stillzeichen*) und ihn so lange zu stillen, bis er satt ist und die Brust von selbst loslässt. Babys trinken während der ersten Wochen normalerweise acht bis zwölf Mal innerhalb von 24 Stunden an der Brust. Die Dauer der Stillmahlzeiten sollte nicht begrenzt werden. Eine kurze Unterbrechung und erneutes Anlegen können hilfreich sein, wenn das Stillen schmerzt oder das Kind nicht gut angelegt ist. Nur durch konsequentes Stillen nach Bedarf kann die natürliche Gewichtszunahme gestillter Kinder im ersten Monat erreicht und die Milchbildung der Mutter optimal stimuliert werden.

• **Stillzeichen:** Ein Neugeborenes, das zum Stillen bereit ist, zeigt die sogenannten Stillzeichen. Es beginnt unruhig zu werden, sich die Lippen zu lecken, zu schmatzen, Saugbewegungen auszuführen, sein Köpfchen hin und her zu drehen, als würde es etwas suchen und die Händchen in den Mund zu stecken. Dies ist der ideale Moment, um es ganz in Ruhe anzulegen. Ansonsten kommen leise Laute hinzu und das Baby wird noch unruhiger oder beginnt zu weinen. Dies ist allerdings schon ein spätes Stillzeichen. Ein solches Baby zu beruhigen und gut anzulegen, ist viel schwieriger und deshalb sollte das Kind schon zu Beginn der Stillzeichen angelegt werden.

• **Milchbildung – Angebot und Nachfrage:** Die Milchbildung der Brüste erfolgt relativ unabhängig von ihrer Größe oder der Menge der aufgenommenen Flüssigkeit. In der Regel wird eine ausreichende Milchbildung durch ausgiebigen Hautkontakt und das regelmäßige und korrekte Anlegen des Babys bei den ersten Stillzeichen rasch aufgebaut. Besteht trotzdem die Befürchtung, nicht genug Milch zu haben, kann eine Stillfachfrau helfen, der Ursache auf den Grund zu gehen. In der Regel kann die Milchmenge durch häufigeres Anlegen gesteigert werden.

• **Schnuller und Flasche:** Die meisten Säuglinge haben nach der Geburt ein sehr starkes Saugbedürfnis. Man kann dabei das nährende Saugen, das der Nahrungsaufnahme dient, und das nicht nährende Saugen, das der Beruhigung und dem Wohlbefinden des Säuglings dient, unterscheiden. Beide Formen des Saugens sind für den Säugling und für den Aufbau der Stillbeziehung wichtig und können an der Brust befriedigt werden. Die Gabe eines Schnullers und/oder einer Flasche kann dazu führen, dass Stillmahlzeiten übersprungen und die Milchbildung der Brust in den ersten Tagen und Wochen nicht ausreichend stimuliert wird. In der Folge kann die Gewichtsentwicklung des Säuglings unbefriedigend verlaufen. Außerdem kann die Gabe eines Saugers das Erlernen des Stillens ungünstig beeinflussen. Daher sollte ein Sauger frühestens nach sechs Wochen eingeführt werden.

• **Schmerzen beim Stillen:** In den ersten Tagen nach der Geburt spüren viele Frauen beim Stillen leichte Schmerzen oder ein Ziehen in der Brust. Manchmal handelt es sich auch nur um ein unangenehmes Gefühl. Ist das Baby korrekt angelegt, hören diese Beschwerden auf, wenn die Milch während einer Mahlzeit zu fließen beginnt. Halten diese Beschwerden während der gesamten Stillmahlzeit und/oder länger als drei bis vier Tage an oder bestehen starke Schmerzen, wunde oder sogar blutende Brustwarzen, ist das nicht normal und immer ein Hinweis darauf, dass etwas nicht in Ordnung ist. In solchen Fällen sollte dringend und so rasch wie möglich eine examinierte Stillfachfrau zu Rate gezogen werden. Häufig kann allein eine verbesserte Anlegetechnik Linderung bringen. Ist die Ursache der Probleme erst einmal beseitigt, heilen die Brustwarzen meistens sehr rasch von selbst ab.

• **Weitere Stilltipps und Stillpositionen:** Band 2 der Reihe „Ich weiß jetzt wie!" heißt „Ein Baby in unserer Mitte". Hier finden junge Mütter weitere wertvolle Stilltipps und die wichtigsten Stillpositionen in Wort und Bild.

Glossar für Eltern
Das Glossar erhebt keinen Anspruch auf Vollständigkeit

Bonding: Das Wort *Bonding* (engl. *Bindung*) beschreibt den tiefen, gefühlsmäßigen Bindungsprozess der Eltern, vor allem der Mutter, an das Neugeborene, der innerhalb der ersten Stunden nach der Geburt stattfindet. Das Baby liegt dabei idealerweise unbekleidet auf dem nackten Bauch oder der Brust der Mutter, die es so auch dabei unterstützt, seine Körpertemperatur aufrecht zu erhalten. Durch den engen Hautkontakt sinken die unter der Geburt erhöhten Stresshormonspiegel ab und ein ganzer Cocktail neuer Hormone, darunter das als ‚Liebeshormon' deklarierte Oxytocin, wird ausgeschüttet. Mutter und Kind werden dadurch ganz ruhig und können sich gegenseitig zum ersten Mal kennen lernen. Das Neugeborene sucht nach einer Zeit des Ausruhens zumeist selbst die Brustwarze und stillt. Jede Mutter entwickelt die Bindung zu ihrem Kind in ihrem eigenen Rhythmus. Die wichtigste Aufgabe der Betreuer ist es, für Ruhe und Sicherheit zu sorgen und Unterbrechungen beim Bonding zu verhindern. Kommt es nach der Geburt auf Grund von Komplikationen zu einer Trennung von Mutter und Kind, kann das Bonding unter fachkundiger Begleitung nachgeholt werden.

Ei: siehe *Eizelle*

Eierstock (Ovar): Die Ovarien gehören zu den inneren weiblichen Geschlechtsorganen und befinden sich rechts und links neben der Gebärmutter. Die im Ovar angelegten Eizellen werden mit Beginn der Geschlechtsreife monatlich ausgestoßen und vom Eileiter aufgenommen. Eine weitere wichtige Funktion ist die Produktion der Geschlechtshormone Östrogen und Progesteron.

Eileiter (Tuba uterina): Die Eileiter sind schlauchähnliche Organe, die auf der einen Seite in die Wand der Gebärmutter münden und sich mit der trichterförmigen Öffnung auf der anderen Seite an das Ovar anlegen, um das Ei nach dem Eisprung aufzufangen und zur Gebärmutter zu transportieren. Ihre innere Wand besteht aus einer Schleimhautschicht mit Flimmerzellen, die den Eitransport in Richtung der Gebärmutter unterstützen.

Eisprung (Ovulation): Die Ovulation findet in der Mitte des Menstruationszyklus statt. Dabei löst sich die Eizelle vom Eierstock und wird von der trichterförmigen Öffnung des Eileiters aufgenommen.

Einnistung (Nidation): Die Einnistung der befruchteten Eizelle in die Schleimhaut der Gebärmutter beginnt am fünften bis sechsten Tag nach der Befruchtung und ist am zehnten Tag abgeschlossen. Dabei werden auch kleinste mütterliche Blutgefäße eröffnet und es kann dadurch zu einer leichten Blutung kommen.

Eizelle (Oocyte): Die weibliche Eizelle (lat. *Ovum = Ei*) ist mit einem Durchmesser von 0,15 mm unsere größte Körperzelle und man kann sie sogar mit bloßem Auge erkennen. Sie dient der sexuellen Fortpflanzung des Menschen und enthält alle Erbanlagen der Frau in einfacher Ausführung (einfacher Chromosomensatz). Während des weiblichen Menstruationszyklus entwickelt sich aus den bereits in der Embryonalzeit angelegten Vorstufen eine befruchtungsfähige Eizelle, die nach dem Eisprung vom Eileiter aufgenommen wird.

Embryo: Aus der befruchteten menschlichen Eizelle entwickelt sich ein lebender Organismus. Dieser wird ab dem Alter von 2 Wochen als *Embryo* bezeichnet. Nach Abschluss der grundlegenden Entwicklung der Hauptorgansysteme zum Ende der 8. Schwangerschaftswoche wird das ungeborene Kind *Fetus* genannt. Mit diesen Bezeichnungen wird lediglich eine Unterscheidung anhand von Entwicklungsschritten vorgenommen, aber keine Wertigkeit verknüpft.

Fetus: Als *Fetus* wird das ungeborene Kind von der 9. Woche bis zum Ende der Schwangerschaft bezeichnet.

Fruchtwasser: Das Fruchtwasser ist eine klare, wässrige Körperflüssigkeit, die das ungeborene Kind umgibt, ihm ermöglicht, sich zu bewegen und es vor Stößen schützt. Es wird von den Eihäuten, dem sogenannten Amnion, gebildet. Ab dem fünften Schwangerschaftsmonat trinkt der Fetus etwa 400 ml täglich und scheidet einen Teil über die Harnwege als wenig konzentrierten Urin wieder aus. So stehen Bildung und Aufnahme durch das Kind in einem Gleichgewicht und das Fruchtwasser wird etwa alle drei Stunden erneuert. Gegen Ende der Schwangerschaft beträgt die Fruchtwassermenge ungefähr einen Liter.

Gebärmutter (Uterus): Die Gebärmutter zählt zu den inneren weiblichen Geschlechtsorganen. In ihr reift die befruchtete Eizelle bis zur Geburt des Säuglings heran. Im nichtschwangeren Zustand ist sie fünf bis zehn cm groß und birnenförmig. Im Inneren befindet sich die Schleimhaut, welche im monatlichen Zyklus durch Hormone gesteuert, auf- und abgebaut wird. Erfolgt die Einnistung einer Eizelle, baut sich die Schleimhaut weiter auf und ermöglicht so die erste Versorgung des Embryos. Kommt es nicht zur Einnistung einer befruchteten Eizelle, erfolgt die Monatsblutung.

Geschlechtsverkehr: Mit dem Begriff Geschlechtsverkehr im engeren Sinne bezeichnet man die sexuelle Vereinigung von Mann und Frau, wobei der erigierte Penis des Mannes von der Vagina der Frau aufgenommen wird. Durch das Vor- und Zurückbewegen des Penis in der Vagina kommt es zur sexuellen Stimulation und meistens zum Orgasmus, wobei in der Regel beim Mann der Samenerguss erfolgt. Geschlechtsverkehr ist ein natürlicher Bestandteil des menschlichen Zusammenlebens und eine Voraussetzung für die natürliche Zeugung von Nachkommen.

Hebamme: Die Hebamme betreut und berät eine Frau während der Schwangerschaft, der Geburt, im Wochenbett und der Stillzeit. Dazu gehört auch die Begleitung in Fragen der Familienplanung, Schwangerschaftsvorsorge, Geburtsvorbereitung, Rückbildungsgymnastik und Beratung zur sachgemäßen Pflege und Ernährung des Neugeborenen. Hebammen arbeiten angestellt in einer Klinik, in freier Praxis, in Geburtshäusern oder als Beleghebammen. Es besteht laut Hebammengesetz bei einer Geburt die Hinzuziehungspflicht einer Hebamme, das heißt, ein Arzt darf nur im Notfall eine Geburt ohne Hebamme durchführen. Eine Hebamme darf dagegen eine normale Geburt völlig selbstständig ohne Arzt begleiten.

Hoden: Die männlichen Keimdrüsen, die Hoden, sind paarig angelegt und befinden sich im Hodensack, dem sogenannten Skrotum. Sie bilden das Sperma und produzieren Testosteron, das wichtigste männliche Sexualhormon.

Kleinkinder stillen: Mit dem Beginn der Berufstätigkeit von Frauen außer Haus begann sich die Dauer der Gesamtstillzeit zunehmend zu verkürzen. Davor war es normal, Kinder neben entsprechender Beikost mindestens zwei, zumeist jedoch drei oder vier Jahre lang zu stillen. Da sich auch in den entwickelten Industrienationen gezeigt hat, dass sich längeres Stillen positiv auf die Gesundheit der Kinder auswirkt, empfehlen WHO und Unicef seit 2001 weltweit, Babys sechs Monate ausschließlich zu stillen. Darüber hinaus lautet die Empfehlung, unter Gabe von angemessener Beikost bis zum Ende des zweiten Lebensjahres weiter zu stillen und danach so lange, wie Mutter und Kind das möchten. Es gibt keine offizielle Begrenzung der maximalen Stilldauer.

Kolostrum: Die dickflüssige, gelbliche Milch, die dem Neugeborenen direkt nach der Geburt zur Verfügung steht, wird Kolostrum genannt. Durch seinen Reichtum an Beta Karotin (Vitamin A), daher die gelbliche Farbe, unterstützt es optimal die Entwicklung des Sehvermögens sowie wichtiger Zellen in Darm und Bronchien. Zudem ist Kolostrum reich an Vitamin E, was seine exzellenten antioxidativen Eigenschaften erklärt. Es enthält außerdem überaus viele lebende Immunzellen, die das empfindliche Neugeborene, dessen eigenes Immunsystem sich erst entwickeln muss, vor Krankheitserregern aus der Umwelt schützen.

Nabelschnur: Die Nabelschnur verbindet das Baby mit der Plazenta. Ihre normale Länge beträgt etwa 50 cm. Sie besteht aus einem äußeren hautähnlichen Überzug, Füllgewebe und drei Blutgefäßen. Diese dienen dem Transport von Nahrung und Sauerstoff zum Ungeborenen und dem Abtransport von Stoffwechselprodukten.

Penis: Der Penis, das männliche Glied, zählt zu den äußeren männlichen Geschlechtsorganen und ermöglicht, durch seine Aufnahme in die weibliche Scheide, die Samenzellen verlustarm in die Nähe der weiblichen Eizelle zu bringen. Der Penis besteht aus den sogenannten Schwellkörpern, Muskeln, Blutgefäßen und der Harnröhre, die auf der Eichel mündet. Diese Strukturen sind eingebettet in Bindegewebe und außen von der Penishaut umgeben. Sie ist sehr dünn und stark dehnbar. Über der Eichel bildet sie eine Reservefalte, die sogenannte Vorhaut. Bei der Erektion füllen sich die Schwellkörper mit Blut und es kommt zu einer Aufrichtung sowie der Zunahme von Länge und Umfang.

Plazenta: Die Plazenta dient der Versorgung des ungeborenen Kindes mit Sauerstoff und Nährstoffen. Daneben bildet sie auch Hormone. Gegen Ende der Schwangerschaft ist die Plazenta ca. 500-600 g schwer, hat einen Durchmesser von ca. 20 cm und ist in der Mitte ca. zwei bis drei cm dick. Sie besteht aus embryonalem Gewebe, das zu Beginn der Schwangerschaft in die Schleimhaut des

Uterus einwächst. Somit gibt es eine der Gebärmutter und eine dem Kind zugewandte Seite, von der aus auch die Nabelschnur abgeht. Durch die Nabelschnur erfolgt die Verbindung zwischen Plazenta und Kind. Kurz nach der Geburt des Kindes löst sich die Plazenta ab und wird als Nachgeburt geboren.

Samen: siehe *Samenzelle*

Samenzelle (Spermium): Die Befruchtung der weiblichen Eizelle erfolgt durch die männliche Samenzelle. Sie ist beweglich und viel kleiner als die Eizelle. Samenzellen werden in großer Anzahl im Hoden aus Vorläuferzellen gebildet und im Nebenhoden gespeichert. Sie schwimmen in der Samenflüssigkeit (Sperma), die außer den Samenzellen noch andere Flüssigkeiten enthält und eine glasig, klebrige Konsistenz hat.

Scheide (Vagina): Die Vagina gehört zu den weiblichen Geschlechtsorganen. Sie ist ungefähr acht bis zehn cm lang, außerordentlich dehnbar, besteht aus Muskulatur und ist mit einer Schleimhaut ausgekleidet. Beim Geschlechtsverkehr nimmt sie den männlichen Penis und die Spermien auf. Die Spermien wandern von der Vagina aus durch die Gebärmutter in den Eileiter, wo gegebenenfalls die Befruchtung einer Eizelle stattfindet. Während der Geburt kann sich die Scheide durch eine spezielle Anordnung der Muskulatur so weit dehnen, dass auch sehr große Babys hindurchpassen.

Schwangerschaftsdauer: Eine Schwangerschaft dauert von der Befruchtung bis zur Geburt durchschnittlich 267 Tage oder, ab dem Zeitpunkt der letzten Regelblutung gerechnet, 40 Wochen.

Sex: siehe *Geschlechtsverkehr*

Stillgruppe: Stillgruppentreffen finden ein- oder mehrmals pro Monat statt und werden meistens von einer Stillberaterin, einer examinierten Stillfachfrau oder einer Hebamme (s. oben) geleitet. Sie dienen dem lockeren, ungezwungenen Erfahrungsaustausch stillender Mütter, wobei oft auch andere Fragen rund um Babys und Kleinkinder besprochen werden. So werden Informationen und Tipps von Mutter zu Mutter weiter gegeben, aber es kann bei Problemen auch kompetenter, fachlicher Rat eingeholt werden. Stillende Mütter werden mit ihren Fragen und Unsicherheiten nicht allein gelassen und fühlen sich durch die anderen Mütter bestärkt. Auch schwangere Frauen sind in einer Stillgruppe willkommen, können Fragen stellen und Ansprechpartnerinnen für später kennen lernen.

Tandemstillen: Wird eine Mutter während der Stillzeit wieder schwanger, kann sie, wenn keine medizinischen Gründe dagegen sprechen, weiter stillen. Durch den sich verändernden Geschmack der Milch stillen sich manche Kinder allerdings von selbst ab. Andere genießen weiter das Stillen und die mütterliche Nähe. Ist es für die Mutter akzeptabel, so kann sie nach der Geburt beide Kinder stillen. Sie muss nur darauf achten, dass das Neugeborene immer zuerst an die Brust darf, damit seine ausreichende Gewichtszunahme gewährleistet bleibt. Auch das Stillen von Zwillingen ist eigentlich ein

Tandemstillen. Geschwister, die gleichzeitig an der Brust trinken durften, entwickeln zumeist eine sehr innige Beziehung zueinander.

Tragen: Das Tragen ist eine Möglichkeit für Mutter und Kind, den intensiven Kontakt während der Schwangerschaft nach der Geburt fortzusetzen. Auch für die Väter ist das Tragen eine gute Gelegenheit, in engen Kontakt zum Baby zu kommen. Schon neugeborene Säuglinge genießen es, die Nähe und Wärme von Mutter oder Vater zu spüren. Wissenschaftler haben zudem herausgefunden, dass Babys, die regelmäßig getragen werden, deutlich seltener weinen. Auch auf die Hüftentwicklung kann sich das Tragen positiv auswirken, wenn auf eine gute Tragetechnik geachtet wird.

Übelkeit: Schwangerschaftserbrechen und Übelkeit treten häufig vor allem morgens während der Frühschwangerschaft auf. Die Ursachen sind noch nicht vollständig geklärt, es wird jedoch vermutet, dass das Schwangerschaftshormon β-HCG bei der Entstehung eine Rolle spielt. Nach dem Ende des dritten Schwangerschaftsmonats verschwinden die Beschwerden zumeist. In seltenen Fällen ist das Erbrechen so stark, dass eine ärztliche Behandlung nötig ist. Im Normalfall wird von einer Medikamenteneinnahme abgeraten.

Ultraschalluntersuchung (Sonographie): In der Schwangerenvorsorge gehören drei Ultraschalluntersuchungen zur Routinediagnostik. Im ersten Schwangerschaftsdrittel dient der Ultraschall vor allem der Bestätigung der Schwangerschaft und der genauen Feststellung des Schwangerschaftsalters. Die zweite und dritte Untersuchung im weiteren Verlauf der Schwangerschaft dienen vor allem der Kontrolle der gesunden Entwicklung des Ungeborenen. Anhand verschiedener Messwerte kann das Wachstum des Kindes beurteilt werden. Darüber hinaus bieten viele Frauenärzte einen Feinultraschall zur Diagnostik von Fehlbildungen an. Es gibt jedoch weltweit noch keine einzige Untersuchungsmethode, die sicher sämtliche mögliche Fehlbildungen ausschließen kann. Jede Untersuchung während der Schwangerschaft kann andererseits trotz eines völlig gesunden Kindes auffällige Ergebnisse haben und somit weitere Diagnostik nach sich ziehen und die Eltern entsprechend verunsichern. Daher muss der Arzt die Schwangere vor jeder Untersuchung genau über den Anlass, das Ziel, eventuelle Risiken, sowie über die Möglichkeiten und Grenzen der jeweiligen Untersuchungen und über mögliche Konsequenzen aufklären. Außerdem muss er die Möglichkeiten des Vorgehens bei einem pathologischen Befund nennen. Die Schwangere muss in die Untersuchung einwilligen.

Vagina: siehe *Scheide*

Wehen: Wehen sind rhythmische Muskelkontraktionen der Gebärmutter, die schon während der Schwangerschaft als sogenannte Übungswehen auftreten können. Am Ende der Schwangerschaft bewirken relativ unregelmäßige und unterschiedlich schmerzhafte Vorwehen, auch Senkwehen genannt, dass das Baby tiefer in das Becken der Mutter eintritt. Unter der Geburt werden die Eröffnungswehen, die Presswehen und die Nachwehen unterschieden. Der Besuch eines Geburtsvorbereitungskurses und die Begleitung der Frau durch eine vertraute Person zur Geburt können helfen, mit den schmerzhaften Wehen besser umgehen zu können.

Nützliche Adressen

Adressen Hausgeburt und Hebammen

Gesellschaft für Qualität in der außerklinischen Geburtshilfe e.V. (QUAG)
www.quag.de

Deutscher Fachverband für Hausgeburtshilfe (DFH)
www.dfh-hebammen.de

Bund freiberuflicher Hebammen Deutschlands e.V. (BFHD)
www.bfhd.de

Deutscher Hebammenverband e.V. (DHV)
www.hebammenverband.de

Österreichisches Hebammen-Gremium (ÖHG)
www.hebammen.at

Schweizerischer Hebammenverband
www.sage-femme.ch

Hebammen für Deutschland e.V.
www.hebammenfuerdeutschland.de

Geburtsallianz Österreich
www.geburtsallianz.at

Englischsprachige Internetseite zur Hausgeburt
www.homebirth.org.uk

Infos zur Hausgeburt
www.hausgeburt.tv

Schmerzfrei gebären (englischsprachig)
www.hypnobirthing.com

Stillen und Tragen

La Leche Liga Deutschland e.V.
www.lalecheliga.de

La Leche Liga Österreich
www.lalecheliga.at

La Leche League Schweiz
www.stillberatung.ch

Arbeitsgemeinschaft Freier Stillgruppen (AFS)
www.afs-stillen.de

Ausbildungszentrum für Laktation und Stillen
www.stillen.de

ELACTA - Europäische Laktationsberaterinnen Allianz
www.stillen.org

Berufsverband Deutscher Laktationsberaterinnen IBCLC e.V.
www.bdl-stillen.de

Verband der Still- und Laktationsberaterinnen Österreichs IBCLC (VSLÖ)
www.stillen.at

Berufsverband Schweizerischer Stillberaterinnen IBCLC
www.stillen.ch

Schweizerische Stiftung zur Förderung des Stillens
www.allaiter.ch

Geburt und Stillen im Krankenhaus
www.stillenimkrankenhaus.de

Infos Stillen und Tragen
www.stillenundtragen.de

Eltern werden, Eltern sein

Verlag für Kindersachbücher und Gesundheitswissen
www.editionriedenburg.at

Deutsche Liga für das Kind in Familie und Gesellschaft e.V.
www.liga-kind.de

Wirbelwind – Die andere Elternzeitschrift
www.elternzeitschrift.org

Elternnetzwerk „Rabeneltern"
www.rabeneltern.org

Geburtskanal
www.geburtskanal.de

Folgeschwangerschaft nach Verlust
www.folgeschwangerschaft.de

Sternenkindmütter
www.sternenkindmuetter.de

Beratungsstellen

Gesellschaft für Geburtsvorbereitung (GfG)
www.gfg-bv.de

pro familia www.profamilia.de Donum Vitae e.V.
www.donumvitae.org

Lichtzeichen e.V. – Hilfe für schwangere Frauen
www.lichtzeichen.org

Probleme nach der Geburt

Nach Kaiserschnitt
www.kaiserschnitt-netzwerk.de
www.geburt-nach-kaiserschnitt.de
www.kaiserschnittbuch.de

Selbsthilfe für Schreibabys
www.trostreich.de

Schatten & Licht – Krise nach der Geburt e.V.
www.schatten-und-licht.de

Verein Postnatale Depression Schweiz
www.postnatale-depression.ch

Infos und Stillen bei Lippen-Kiefer-Gaumenspalte
www.stillenbeilkg.de, www.stillenbeispalte.org

Die Sachbuchreihe

Für alle Kinder, die einfach noch mehr wissen wollen.

editionriedenburg.at

[1] **Mamas Bauch wird kugelrund** – Aufklärung, Sex, Zeugung und Schwangerschaft

[2] **Ein Baby in unserer Mitte** – Geburt, Stillen, Babypflege und Familienbett

[3] **Unsere kleine Schwester Nina** – Stillen, Zahnen, Beikost und Babys erstes Jahr

[4] **Besonders wenn sie lacht** – Lippen-Kiefer-Gaumenspalte: Ernährung, Operation, Heilung

[5] **Das doppelte Mäxchen** – Zwillinge: Geburt, Stillen und Babys im Doppelpack

[6] **Das große Storchen-malbuch mit Hebamme Maja** – Aufklärung, Geburt, Babyzeit

[7] **Tragekinder** – Ursprung und Methoden des bequemen Baby- und Kindertragens

[8] **Mama und der Kaiser-schnitt** – Kaiserschnitt, nächste Schwangerschaft und Geburt

[9] **Mini ist zu früh geboren** – Frühgeburt [in Vorbereitung befindlich]

[10] **Klara weint so viel** – Schreibaby [in Vorbereitung befindlich]

[11] **Lilly ist ein Sternenkind** – Verwaiste Geschwister und Trauer nach Verlust eines Kindes

[12] **Oma braucht uns** – Pflege alter Familienmitglieder [in Vorbereitung befindlich]

[13] **Oma war die Beste!** – Abschied nehmen, Sterben und Trösten

[14] **Unser Baby kommt zu Hause!** – Hausgeburt und Begleitung durch die Hebamme

[15] **Baby Lulu kann es schon!** – Natürliche Säuglingspflege und windelfreies Baby

[16] **Finja kriegt das Fläschchen** – Fläschchen geben und (teilweises) Stillen

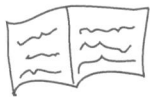

Im (Internet-)Buchhandel in Deutschland, Österreich und der Schweiz

www.editionriedenburg.at

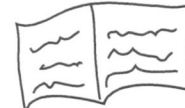

Ausgewählte Titel der edition riedenburg

Buchreihen

Ich weiß jetzt wie! Reihe für Kinder bis ins Schulalter

SOWAS! – Kinder- und Jugend-Spezialsachbuchreihe

Verschiedene Alben für verwaiste Eltern

Einzeltitel

Alle meine Tage – Menstruationskalender

Annikas andere Welt – Psychisch kranke Eltern

Aus dem Schmerz in die Freiheit – Missbrauch

Baby Lulu kann es schon! – Windelfreies Baby

Besonders wenn sie lacht – Lippen-Kiefer-Gaumenspalte

Bitterzucker – Nierentransplantation

Das doppelte Mäxchen – Zwillinge

Das große Storchenmalbuch mit Hebamme Maja

Das Wolfskind auf der Flucht – Zweiter Weltkrieg

Der Kaiserschnitt hat kein Gesicht – Fotobuch

Diagnose Magenkrebs … und zurück ins Leben

Die Josefsgeschichte – Biblisches von Kindern für Kinder

Die Nonnenfrau – Austritt aus dem Kloster

Drei Nummern zu groß – Kleinwuchs

Egal wie klein und zerbrechlich – Erinnerungsalbum

Ein Baby in unserer Mitte – Hausgeburt und Stillen

Finja kriegt das Fläschchen – Für Mamas, die nicht stillen

Frauenkastration – Fachwissen und Frauen-Erfahrungen

Ich war ein Wolfskind aus Königsberg – DDR und BRD

Jutta juckt's nicht mehr – Hilfe bei Neurodermitis

Klara weint so viel – Schreibaby

Konrad, der Konfliktlöser – Konfliktfreies Streiten

Lass es raus! Die freie Geburt

Lilly ist ein Sternenkind – Verwaiste Geschwister

Lorenz wehrt sich – Sexueller Missbrauch

Luxus Privatgeburt – Hausgeburten in Wort und Bild

Machen wie die Großen – Rund ums Klogehen

Maharishi Good Bye – Tiefenmeditation und die Folgen

Mama und der Kaiserschnitt – Kaiserschnitt

Mamas Bauch wird kugelrund – Aufklärung für Kinder

Manchmal verlässt uns ein Kind – Erinnerungsalbum

Meine Folgeschwangerschaft – Schwanger nach Verlust

Meine Wunschgeburt – Gebären nach Kaiserschnitt

Mein Sternenkind – Verwaiste Eltern

Mini ist zu früh geboren – Frühgeburt

Mit Liebe berühren – Erinnerungsalbum

Mord in der Oper – Bellinis letzter Vorhang

Nasses Bett – Einnässen

Oma braucht uns – Pflegebedürftige Angehörige

Oma war die Beste! – Trauerfall in der Familie

Pauline purzelt wieder – Übergewichtige Kinder

Regelschmerz ade! Die freie Menstruation

So klein, und doch so stark! – Extreme Frühgeburt

So leben wir mit Endometriose – Hilfe für betroffene Frauen

Soloschläfer – Erholsamer Mutter-Kind-Schlaf ohne Mann

Tragekinder – Das Kindertragen Kindern erklärt

Und der Klapperstorch kommt doch! – Kinderwunsch

Und wenn du dich getröstet hast – Erinnerungsalbum

Unser Baby kommt zu Hause! – Hausgeburt

Unser Klapperstorch kugelt rum! – Schwangerschaft

Unsere kleine Nina – Babys erstes Jahr

Volle Hose – Einkoten bei Kindern

Wann kommt die Sonne? – Lebertransplantation

Wenn der Krieg um 11 Uhr aus ist, seid ihr um 10 Uhr alle tot! – Schulprojekt zum ehemaligen KZ-Außenlager Obertraubling

Bezug über den (Internet-)Buchhandel in Deutschland, Österreich und der Schweiz.